U0021820

馬小跳財商課 ❷

聰明的消費者

楊紅櫻 著

馬小跳一家人

馬小跳

一個有情有義、有擔當的小小男子漢,想像力十足,最可貴的是,他有著一雙善於發現問題根源的眼睛,以及一顆求知慾旺盛的好奇心。

丁蕊

馬小跳的媽媽,富有時尚精神的櫥窗設計師,擅長傾聽孩子的心聲,是一個即使活到 80 歲也會像個小女孩一樣天真的美麗女人。

馬天笑

馬小跳的爸爸,知名的玩具設計師,從未忘記自己是怎麼長大的……。因此當馬小跳遇到煩惱時,他總能為兒子排憂解難。

毛超

馬小跳的好朋友，雖然十句話裡有九句都是廢話，但因為親和力超強，所以是馬小跳身邊的「首席外交官」。

張達

馬小跳的好朋友，表達能力略遜，但因為有著一雙飛毛腿，行動力超強，所以成為馬小跳身邊的「首席執行官」。

唐飛

馬小跳的好朋友，見多識廣，遇事沉著冷靜，是馬小跳身邊的智多星。

夏林果

馬小跳心中的女神，從小學習跳芭蕾舞，是聞名全校的「芭蕾公主」。

路曼曼

馬小跳的同學，因為剛好坐在馬小跳旁邊，所以她最大的嗜好就是管馬小跳，也因此，她和馬小跳幾乎每天都會爆發「戰爭」。

說到消費，小朋友們可能並不陌生。

記得每到週末的時候，爸爸媽媽可能會開玩笑地跟你說：「走，我們來去逛逛百貨公司啦！」說不定你還曾在電視新聞台看過主播報新聞時提到「消費者權益」這個名詞。

因此，「消費者」是誰呢？

對了，就是我們這些買東西的人。

這個身份其實一直都跟著你，只是你沒有意識到。當你去餐廳吃飯的時候，當你去百貨公司購物的時候，當你在學校買參考書、文具的時候，當你去遊樂場玩耍的時候……你其實都是一個小小的消費者！

那你知道自己該做一個什麼樣的消費者嗎？ 有的小朋友可能會說：「不上當受騙！」沒錯，我們要做一個聰明的消費者！可是，對如何做個聰明的消費者，你一定還有很多疑惑。

平時常逛的麵包店，販賣的麵包、蛋

糕全降價了，我若現在買，是不是更划算？商品的包裝上寫了好多字，除了生產日期和保鮮期限，我還應該注意什麼？麵包和果醬一起賣的價格，似乎和分開賣的價格不太一樣，我又該怎麼挑選呢？媽媽看上了一件漂亮的衣服，但覺得太貴所以準備討價還價，但媽媽要怎麼議價才會成功？

當我帶著這些疑問去問爸爸的時候，爸爸說這些是每個人在生活中都會遇到的問題，而在這些問題的背後，其實有著更深層的道理。比如，商品的供需關係，商品包裝的標準和規範，廠商擬定的銷售策略，消費者的心理期望……等。

可是，這些又是什麼呢？我都聽不懂啊。沒關係，能夠提出這些問題，就足以說明你們已在認真思考了。因此接下來要做的，就是打開這本書，一起學習這些知識，努力做一個聰明的消費者吧。

1. 我們去買東西啦

認識市場

為什麼我們要先從「市場」開始呢？

因為，廠商生產出來的產品要放在市場上賣，而我們購買需要的東西，也要到市場上去買。就這樣，市場把廠商和消費者聯繫在一起，所以我們先來認識「市場」。

其實，小朋友對「市場」這個名詞應該很熟悉，因為大人每天都要去菜市場買菜。此外，還有很多地方都是市場，你家附近的超市是市場，每天戶外活動回來或者放學回家時，家人常常帶你去那裡買零食。

離你家不遠的購物中心是市場，裡面有好幾個樓層，週末的時候，你常和爸爸媽媽去那裡玩，你先在有跳跳床和大型溜滑梯的兒童遊樂園裡痛快地玩了1

小時，然後再去玩電動、開遙控車……好玩的東西實在太多了，你一刻也不想停下來，直到被爸爸媽媽硬拉著去吃飯。待吃完飯後，你們還可能會去看一場電影、逛逛書店，最後去地下超市買些好吃的……，這個市場簡直太棒啦，根本就是一個超級大樂園。

這還不算什麼，現在社會已經進步到使用手機便可消費，所以還有一種市場是在眼睛看不見的網路上。

市場的形式多種多樣，但歸納起來，市場就是買賣東西的地方，也是我們消費的地方，所以若想要做一個聰明的消費者，就要觀察市場。而在你觀察市場的過程中，你會慢慢發現市場中商品的規律。

市場中的商品，數量有時候多，有時候少，價格也是有時高，有時低。也許我們今天購買的商品，明天價格就提高了，我們會很慶幸自己沒有多花冤枉錢。可也許沒過多久，這個商品的價格又下降了，我們這時又很懊悔為什麼不多等幾天再買。

在市場裡，除了普通的商品，你還可以見到價格特別昂貴的商品。你可能會很好奇，這麼貴的商品，它們能賣得出去嗎？可實際上，這些商品的消費客群

也非常龐大。

　　此外，在市場裡還有討價還價的過程，在這個過程中，我們要和廠商「鬥智鬥勇」。可以說，市場從誕生之日起，就和經濟學、金融學、行為心理學等不同學科有著或多或少的聯繫。

　　儘管市場如此複雜，商品的種類如此繁多，但仔細想想，你會發現市場一定有這三個存在要素：商品（買賣的東西）、廠商（賣東西的人）以及消費者（買東西的人）。另外，有了市場，方才會有市場的規模和容量，而這又涉及另外三個要素：消費者，消費者的購買能力（購買力），以及消費者的消費心理。

　　為了讓市場更妥善地運行，也為了讓消費者和廠商能更放心地進行交易，政府往往還會制訂很多有效的法規來維護並支撐整個市場的經濟活動。這些複雜的規則、原理，更是很難簡單地一次說完。

　　不過小消費者們，大家不要怕，要想讓自己變得更聰明、更博學，就勇敢地走進市場，試著去了解它和它背後的知識吧。

機智
問答

消費力：簡單地說，消費力就是你使用手裡的錢能買到多少東西？你能買到的東西越多，你的消費力道就越強。比如你每個月有 200 元零用錢，如果一張電影票是 100 元，你每個月能看兩場。後來票價上漲為 200 元，那你每個月也就只能看一場電影了。這樣一來，你的消費力就下降了。因此，消費力除了和你口袋裡的錢有關，也和物價有關。

你的收入不變，但物價上漲了，消費力就會下降。

2. 我們該買什麼？
認識商品

　　了解了什麼是市場，我們就要把目光轉移到商品本身了，因為我們需要的，就是商品。

　　這時，我們是不是應該想一想，我們購買商品時到底買到了什麼呢？這個問題似乎有點奇怪，小朋友會說：「我買了一袋洋芋片，當然買的就是洋芋片啊！」那你為什麼要買這袋洋芋片呢？是洋芋片帶來的什麼東西，讓你願意花錢來購買呢？

一、這件商品更有用──商品的效用

　　買了洋芋片的小朋友可能會說：「是洋芋片好吃的味道，讓我願意花錢買。」

　　沒錯！洋芋片好吃，就是洋芋片作為一種商品的

效用,它能夠讓你在吃起來的時候感到開心,覺得滿足。用專業的話解釋就是「商品的效用」,是指對商品滿足人們需求的能力的評價,或者說,商品的效用是指消費者在消費商品時所感受到的滿足程度。

一種商品對消費者是否具有效用,取決於消費者是否有消費這種商品的願望,以及這種商品是否具有滿足消費者願望或需求的能力。因此,效用是消費者對該項商品是否滿足自己需求能力的一種主觀心理評價。

洋芋片是否具有商品的效用,要看你是不是需要?你吃了會不會特別高興、滿足?這種感受是非常

主觀的，因人而異。比如小朋友的媽媽也許不會給自己買薯片，因為媽媽在減肥，畢竟洋芋片吃多了會害她變胖，洋芋片品對她就無法發揮商品的效用。

所以，我們消費的本質是在買這件東西的商品效用，下次你決定是否要買一件商品時，不妨可以考慮一下，它對你是否有效用！

二、商品效用比大小——商品效用的衡量

你和爸爸媽媽在逛超市的時候，有沒有遇到過這樣的一個難題：你想買洋芋片，還想買巧克力，可是爸爸媽媽怕你零食吃多了，只讓你選其中一個。

對兩個都想要的你來說，這真是一個艱難時刻啊！

沒關係，只要你學會做一個聰明的消費者，這個問題就有辦法解決啦。既然我們買東西是買商品效用，那不同商品的效用，能不能比較呢？

其實，經濟學家早就研究出了衡量商品效用的辦法，他們使用了兩個概念：基數和序數。

基數，是 1、2、3……100、3,000 等普通整數，

基數可以做加法，並且可以求和。

　　序數，是表示次序的數目，漢語表示序數的方式，通常是在整數前面加「第」，比如第一、第二、第三……第一百、第三千，而序數是不能相加求和的。

　　早在 19 世紀，西方經濟學家便提出用基數表示商品的效用。支援基數效用的人認為，商品的效用就像長度、重量、體積那樣可以衡量，並且可以求和計數。對效用來說，比較效用的「量」是有意義的。因為要表達效用的大小，他們開始用「效用單位」來計量，比如：對某個人來說，吃一頓美食的效用是 3 個單位，聽一場音樂會的效用是 5 個單位。這樣，兩種消費的效用的總和是 8 個單位。

　　但是，隨著經濟學的發展，到了 20 世紀初，序數效用越來越被經濟學家們所接受。他們認為，效用是一個模擬好吃、好看的概念，很難用具體的數字來表示其大小，應該通過比較不同商品的效用來排序，並從消費者對商品的偏好程度來反映出來。所以，對消費者來說，更應該考慮哪種效用排在前面，哪種效用排在後面。比如，消費者可以思考，對他來說，是更

願意花 1 小時去吃一頓美食，還是用這 1 小時去看一場足球賽？

回到最開始的問題，當你面對洋芋片和巧克力，不知道該選什麼的時候，是不是也可以給它們的效用排個順序呢？看看對你來說，哪個為你帶來的滿足程度更高，效用第一呢？

三、「第二杯半價」值不值？——商品的邊際效用

有一天，媽媽給了馬小跳一些錢，讓他自己去吃早餐，他看到豆漿的售價牌上寫著「第二杯半價」。馬小跳覺得很划算，就買了兩杯，可是他吃了漢堡、雞蛋、香腸，又喝了一杯豆漿，而那杯半價的豆漿他卻怎麼也喝不下去了。

看到這裡，我有一個問題要問問各位聰明的小小消費者：「同樣是豆

漿，第一杯和第二杯的商品效用是一樣的嗎？」

有的小朋友會說：「當然是一樣的呀，都是豆漿，有什麼區別呢？」舉個例子，假如你正在沙漠裡走著，你已經走了很遠的路，之前帶的乾糧已經吃完了，水也喝光了，現在的你又餓又渴，眼看就要暈過去了。就在這時，你恍惚看見前面不遠處出現了一個小飯館⋯⋯。

你一下子就又充滿希望，很開心地往前跟蹌地走著，推開門走進去，先要了一瓶水和五個饅頭。當第一個饅頭吃到嘴裡的時候，你覺得這是天底下最好吃的東西，感到非常滿足。待吃完第一個，你似乎還是很餓。於是你抓起第二個吃了起來。當你接著吃完第二個、第三個的時候，你忽然覺得好像沒有那麼餓了，嘴裡的饅頭也沒有那麼香了。

這時對你來說，吃下第四個饅頭似乎已經有點勉強了，而第五個饅頭應該已來到不吃也可以了狀態……。

那麼，請問各位聰明的小小消費者，這五個饅頭，對你來說效用一樣嗎？如果再讓你吃兩個、三個饅頭呢？

聰明的你有沒有發現，饅頭帶給你的滿足感，下一個總是比上一個少呢？為什麼呢？這裡就要講到一個經濟學上的原理，叫做「邊際效用遞減」。

什麼是邊際效用呢？先別急，咱們還是用剛才的饅頭來舉例，請看下面這個表。

饅頭數量	滿足程度	每個饅頭帶來的效益
0	0	0
1	10	10
2	20	5
3	25	0
4	20	-5
5	10	-10

你有沒有發現，當你在很餓的時候，吃下去的第一個饅頭帶給你的效用是最大的。然後，當你開始吃第二個饅頭的時候，這個饅頭帶給你的效用就會開始減少。假設你的飯量本就是兩個饅頭，那麼，這時你已經吃飽了。若再硬要你吃下第三個饅頭，那這個饅頭對你來說就完全沒有效用了。甚至當你開始吃第四個饅頭，這個饅頭帶給你的就不僅不是滿足感，反而是反感了。

所以，「邊際效用遞減」的專業說法就是：在一定時間內，在其他商品消費數量保持不變的條件下，隨著消費者對同一商品消費量的增加，消費者從該商品連續增加的每一個消費單位中所得到的效用增量（滿足感幅度）即邊際效用是遞減的。

了解了「邊際效用遞減」規律後，我們可以觀察一下日常生活中的事情，當你再遇到「第二杯半價」的促銷活動時， 是不是就可以理性地思考一下，這第二杯對你來說，到底有沒有效用？

其實，按照「邊際效用遞減」規律，像豆漿、咖啡、可樂等飲品，很多時候第二杯的邊際效用已經有了很

大的下降。除非你感到特別口渴，或者兩人合買時，才會比較划算。

機智問答

　　邊際效用遞減：其基本含義是當其他投入固定不變時，連續地增加某一種投入，所新增的產出或收益反而會逐漸減少。也就是說，當增加的投入超過某一水準之後，新增的每一個單位投入換來的產出量會下降。

　　這種效用，在經濟學和社會學中同樣有效，在經濟學中叫「邊際效用遞減」，在社會學中叫「社會交換理論」，某人在近期內重複獲得相同報酬的次數越多，那麼，這一報酬的追加部分對他的價值就越小。

3. 什麼時候買最便宜？

影響商品價格的因素

　　你和媽媽去超市買東西的時候，除了要考慮商品的效用，也就是一件商品能否讓你獲得滿足感之外，還有什麼是你經常考慮的呢？

　　有的小朋友會說：「多少錢！」

沒錯，買東西時你可能最先問的一句話就是「這個東西多少錢？」

　　那你有沒有想過，一件商品多少錢是誰定的？也就是商品的價格是怎樣計算出來的？

　　我們知道，在市場上，商品其實處在一個中間的位置，它連接著市場上的買賣雙方。賣家是提供產品的一方，買家是需要產品的一方。因此，任何一種商品的價格，都是在市場上的需求和供給兩種因素的共同作用下決定的。這種供需關係相互作用，形成了市場上的均衡價格。什麼是均衡價格呢？別著急，這裡先留個懸念，後面我們詳細講。

　　我們先講講什麼是商品的需求，它又會受哪些因素影響。

　　前面提到，我們購買商品是因為商品對我們有效用，我們需要它，就想要買它，也就是有了購買意願。同時，我們還得有錢，光想著買，沒錢可不行。所以，一種商品的需求是指消費者在一定時期內，在各種可能的價格水準下，願意而且能夠購買該商品的數量。也就是說，如果消費者對某種商品有購買的意願，但

是沒有購買這種商品的能力，就不能算是這種商品的需求。

在日常的市場活動中，一種商品的需求數量，是由許多因素共同決定的，主要因素有：商品的價格、消費者的收入水準、相關商品的價格、消費者的偏好，以及消費者對這種商品的價格預測等。

這些因素是怎麼影響商品的需求呢？

一般來說，在其他條件不變的情況下，商品價格越高，這種商品的需求量就會越小；價格越低，需求量就會越大。比如一瓶鮮奶 15 元，但因為運輸成本加大，價格漲至 18 元，價格高了，人們就會減少對鮮牛奶的需求。鮮牛奶保質期較短，超市為清理庫存，開始搞促銷，買一送一，這樣一來，每瓶鮮奶的價格便降至 9 元。

消費者的收入越高，對商品的需求越多；收入下降，便會減少對該樣商品的需求。當爸爸媽媽加薪了，自然會買很多東西；反之，如果爸爸媽媽的薪水只能滿足基本的生活需要，扣掉房租（房貸）、生活費後所剩無幾，那肯定不能隨便買東西了。

如果一種商品自身的價格保持不變，而與它相關的商品的價格發生變化，這種商品本身的需求量也會發生變化。比如牛肉價格沒變，可豬肉漲價了，人們就更願意買牛肉，因此牛肉的需求就變大了。

消費者對某種商品的偏好程度上升時，這種商品的需求會增加；反之，就會減少。正如某國產運動品牌的爆紅，正是因為該品牌在自己虧損的情況下，還堅持捐助大批物資給受災地區，消息一經公開後，人們對該品牌的喜愛程度直線上升，越來越多的人在實體店購物，或在網上官方旗艦店購物，直接導致該店

機智問答

供需關係：供需關係是一定時期內社會提供的全部產品、勞務與社會需要之間的關係。社會再生產過程，各部門之間既互相供給產品或勞務，又相互提出需求，構成了互為條件、互相制約的供需關係。保持良好的供需關係是社會經濟發展的目標之一。

鋪的商品斷貨。要知道，在此之前，該品牌可是一直不溫不火的，銷量也很一般。

另外，消費者對商品價格的預測，也會對商品的需求有影響。比如消費者預期一種商品的價格在未來會上升，現在買會更划算，它的需求就會增加；而當消費者預期這種商品的價格在未來會下降時，那麼，現在對這種商品的需求就會減少。

我們知道了什麼是商品需求和影響商品需求的因素，那麼回到最初的問題，價格是怎麼決定的呢？為什麼一瓶礦泉水標價20元，而一輛汽車標價50萬元？

這就要說一下「市場均衡」了。

當你聽到「均衡」這個詞時，會想到什麼呢？

平衡？

確實，在詞典裡，均衡的解釋就是平衡。也就是說，某種商品價格的確定，是供給和需求兩個方面平衡的結果。

在經濟學當中，「均衡」的一般意義是指經濟事物中的變數，在一定條件的相互作用下所達到的一種相對靜止的狀態。這種狀態就像拔河，如果兩邊的力

量一樣大，繩子就會處於相對靜止的狀態。在經濟學的概念中，一種商品的均衡價格，就是這種商品的市場需求量和市場供給量相等時的價格。假設一個麵包，價格可能是 10 元、9 元、8 元……而市場上消費者對麵包的需求，可能是 100 個、200 個、300 個……

價格（元／個）	10	9	8（均衡）	7	6
需求量（個）	100	200	300	400	500
供給量（個）	600	450	300	150	0

對消費者來說，隨著價格的降低，需求是會提高的。比如一個麵包賣 10 元，可能就很少有消費者會購買了。但如果一個麵包賣 6 元甚至更低的價格，消費者就會多買些。

對廠商來說，因為要考慮到生產的成本，因此如果某種商品的市場價格過低，或者是廠商的生產技術還不高，無法用更低的成本量產品質相同的商品，那麼廠商就不願繼續生產了。而如果市場上這種商品的價格很高，廠商又覺得有利可圖，自然願意多生產些

這種商品。

這時我們看到，商品的生產廠商和消費者之間會存在一個差異。

一方是想儘量生產成本低、價格高的商品，另一方是想儘量買到品質好、價格低的商品。

想想看，這是不是有點像拔河？那該怎麼辦呢？

這時，「市場均衡」就又出現了。

我們接著看上一頁的表。當麵包賣到 10 元一個的時候，市場上只有 100 個需求量。而這時，生產廠商卻希望可以生產 600 個。但這樣一來，剩下的 500 個麵包就沒有人買了。當麵包賣到 6 元一個的時候，市場上對麵包的需求量一下子就變成 500 個，但是為什麼廠商的生產願望卻變成了 0 呢？

因為這個價格對廠商來說可能太低了，連生產的成本都沒法負擔，廠商自然不會做虧本買賣。

我們再觀察一下，是不是當麵包賣到 8 元一個的時候，消費者的需求是 300 個，而生產廠商也願意生產 300 個？ 這樣一來，是不是就不會有浪費的情況發生啦？所以，8 元就是一個麵包的市場價格。我們也可

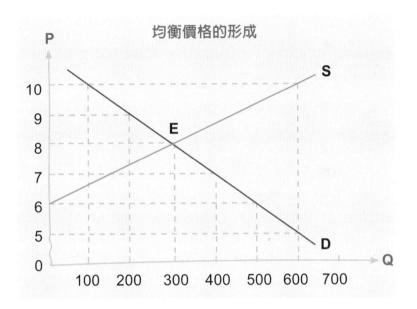

均衡價格的形成

以把上面的表格，做一個簡單的圖示。

　　這個圖，顯示的就是市場供需所形成的價格區間。縱軸 P 表示價格，即廠商願意生產的價格和消費者願意購買的價格。橫軸 Q 表示數量，即廠商可能生產的數量和消費者在不同價格下願意購買的數量。直線 D 表示消費者不同的需求。直線 S 表示廠商不同的生產計畫，也就是供給。中間的均衡點 E，就是由供需兩方共同確定的均衡價格。

各位聰明的消費者，讀到這裡，你們是不是明白價格是怎麼確定的了？但是，你們聰明的小腦袋瓜裡，也許又冒出了一個問題：隨著消費者需求的變化，廠商的生產計畫也在變化，那麼這個均衡的價格，也會變化嗎？

如果消費者的需求發生了改變，比如大家對麵包的需求改變了。有更多人喜歡吃麵包了，消費者的收入水準提高了，麵粉的價格下降了，廠商生產麵包的成本下降了⋯⋯ 那麼，均衡價格又會發生怎樣的變化呢？

已經沒有了！

這時，我們可以分兩種情況來看，一種是商品的供給發生了變化，一種是商品的需求發生了變化。

我們先來看商品的供給發生變化時的情況。如果商品的供給忽然增多了，那麼會發生什麼變化呢？

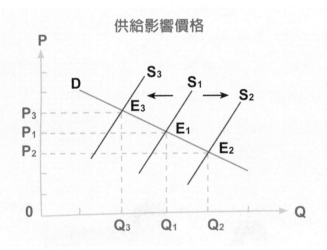

供給影響價格

這個時候，供給曲線 S1 會向右移動至 S2，小朋友們可以觀察一下，供給曲線和需求曲線 D 的交點，是不是也向右移動了？這個交點的位置，是不是也同時下降了？那麼，我們往縱軸看，看看縱軸代表什麼，是不是—價格！

所以，你會看到，隨著一件商品供給的增加，這

件商品的均衡價格就隨之下降。

　　我們再來想想之前麵包的例子：假如在均衡價格的前提下，廠商的生產技術提高了，生產的麵包多達 400 個，而市場上的需求只有 300 個，那麼，多出來的 100 個麵包怎麼辦呢？如果還是按照 8 元一個來賣的話，是肯定賣不完的。

　　這時，我們就需要看看均衡價格的形成那張圖，是不是 400 個麵包的需求，對應的價格是 7 元一個？也就是說，廠商要想把多出來的麵包都賣掉，就要按

照 7 元一個的價格來賣。所以,當一件商品的供給增加時,假定需求不變,那麼這件商品的均衡價格就會下降。

如果麵包的供給變少了,均衡價格會提高還是降低呢?

我們還來看第 31 頁的「供給影響價格圖」,我們會看到,當供給曲線 S1 向左移動至 S3,是不是和需求曲線 D 的交會點變高了?也就是說,這時的均衡價格隨著供給的減少而提高了。

對照「均衡價格的形成圖」,我們看到如果供給的麵包少了,消費者的需求不變的話,那麼消費者就要花費更多的錢,才能買到麵包,這也叫「供不應求」。

剛才我們了解的,都是供給數量發生變化的時候,我想聰明的你們也一定在想:假如消費者的需求改變了呢? 比如,大家忽然掀起了吃麵包的風潮,或者大家忽然開始不吃麵包,而改吃饅頭了,那這個時候,商品的均衡價格會怎樣改變呢?

在經濟學裡面,如果需求發生了改變,那麼需求曲線也會左右移動。

如果需求增加了，那麼需求曲線就會向右移動，相反地，需求曲線就會向左移動。

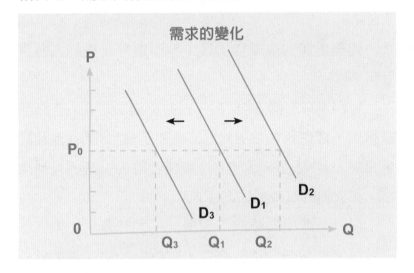

需求的變化

回到剛才的問題，如果忽然間人人都開始喜歡吃麵包，是不是說明麵包的需求增加了呢？如果是這樣，麵包的均衡價格又會怎樣變化呢？

這時我們看到，隨著需求曲線向右移動，需求曲線和供給曲線的交點也在不斷升高，這也就是說，這時的均衡價格提高了。想想看，是不是這樣？如果大家都來買麵包，而這時市場上麵包的數量是有限的，那麼麵包的價格一定會提高。

如果忽然間，大家都開始喜歡吃饅頭，那麼這個時候市場上麵包的需求就會大幅度下降，這時麵包的需求曲線就會向左移動，於是我們就會看到，麵包的需求曲線和供給曲線的交點也會不斷向左移動，而且位置也會不斷下降，也就是說，價格不斷降低了。

　　上面講述的是關於商品的需求和供給對均衡價格的影響。也許會有小朋友繼續提問，如果商品的供給和需求同時發生了變化，那會怎麼樣呢？

　　這確實是一個很好的問題。如果供給和需求同時

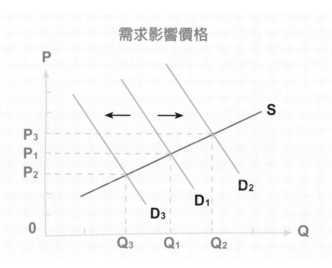

需求影響價格

發生了變化，那麼商品的均衡價格就是難以確定的，需要結合供給和需求變化的具體情況來確定，並且也要重新繪製新的供給曲線和需求曲線，然後再進行判斷了。

現在，你們清楚商品的價格是如何決定的了吧，了解了供給和需求對商品均衡價格的影響和決定的過程，就已經邁進了個體經濟學的大門。而學習這些知識，不僅對我們現在根據市場的情況來判斷價格有幫助，也能夠為我們今後有系統地學習經濟學，打下堅實的基礎。

4. 你看懂了嗎？
認識商品包裝

　　小朋友們明白了商品價格的問題，能夠以更合理的價格購買商品之後，在買東西時，還要注意些什麼呢？記得包裝要看清楚—找到重要的商品標識，相信聰明的你在拿起貨架上的商品時，一定會發現商品包裝上總有一些特殊的標識。

　　按照台灣相關法律規定，各種商品除了沒有包裝的商品（比如一些農產品）以及一些不適合或不需要進行標示的商品之外，其餘商品都應該根據具體情況，透過標籤、食用說明書、包裝等，對有關資訊進行必要的標示說明。

　　而除了這些清楚的標示以外，小朋友們還需要注意商品包裝上的資訊必須符合以下要求：

這麼多字，都是什麼意思啊！

1. 具備產品品質檢驗合格證明。

2. 有中文標明的產品名稱、生產廠商的廠名和廠址。

3. 根據產品的特點和使用要求，必需使用中文標明產品規格、等級、所含主要成分的名稱和含量；所有需要事先讓消費者知曉的，都應在外包裝上標明，或預先向消費者提供有關資料。

4. 對於有食用期限的產品，應在商品顯著位置清晰標明生產日期、使用期限等。

5. 對使用不當，容易造成產品本身損壞或者可能危及人身、財產安全的產品，應當有警示標誌，或者

有中文警示標誌說明。

6. 對易燃、易爆、有毒、具有腐蝕性、具有放射性等危險物品，以及儲運中不能倒置的和有其他特殊要求的產品，其包裝品質必須符合相應要求，並有警示標誌或中文警示說明。

7. 實行授權管理的商品，應當標明有效的生產許可證標記和編號。

8. 執行強制性國家標準的產品，應當標明產品的標準代號。

另外，優質產品標誌、產品品質認證標誌、專利標誌等標誌，經相關部門認證合格後，廠商可以標示在產品包裝上。所以，小朋友在購買商品時，一定要留心商品包裝上 的資訊，這對大家的安全、健康很有幫助。

是「馬鈴薯牛肉」還是「牛肉馬鈴薯」—讀懂食品配料表

這部分非常重要，這在商品包裝上有一種資訊要特別注意，那就是食品配料表。相信媽媽在帶你去超

市買吃的的時候，一定都仔細看過這個表。那麼，你能讀懂食品配料表嗎，當你可以自 己去買東西時，會根據配料表來選擇商品嗎？

首先應該關注的是它的長短。

有時候，偏長的配料表，可能裡面的調味劑或添加劑會多一些，畢竟有很多添加劑是用化學名稱來標註的。而短一些的配料表，可能說明食品更多是採用天然食材直接做成的，裡面的食品添加劑不是很多。

奶茶粉配料：植物性脂肪、白砂糖、脫脂奶粉、即溶茶粉、乳清蛋白粉、食品添加劑、食用性香料。

純牛奶配料：鮮乳

所以，我們在選購食品時，儘量選擇一些配料表較短的，這種食品可能更健康。

不同配料的順序

什麼？難道順序還有講究？當然啦。按照台灣的食品安全規定，食品的配料表是要按照含量的高低來進行排序的。含量最多的配料，在配料表裡的位置就最靠前，因為這樣更方便顯示食品的真實構成。知道了這一點，我們購買食品時，如果看到配料表裡有「馬鈴薯牛肉」還是「牛肉馬鈴薯」，分不清楚該買哪一個時就能一目了然。

配料表中還有一項國家要求標明的內容——能量和蛋白質、脂肪、碳水化合物、鈉等四種核心營養素及其含量。這些資料和我們的健康有很大的關係，我們可以根據自己身體健康的

營養成分表

項目	每100g	NRV%
能量	2102kJ	25%
蛋白質	7.7g	13%
脂肪	36.7g	61%
碳水化合物	20.2g	7%
糖	4.3g	
膳食纖維	33.7g	135%
鈉	0mg	0%

需要，對照營養成分表裡的内容來進行選擇。除了這些營養成分之外，還有一些廠商可以自行標明，比如膳食纖維、反式脂肪酸、維生素、糖等。

其中，反式脂肪酸對我們的身體健康有影響，而廠商有時候會用其他形式標示出來，比如人造奶油、奶精等。當我們看到食品配料表中若含有這些成分時，這時就要提高警覺了，這些配料很可能就是反式脂肪酸，這時就要謹慎購買。

機智問答

反式脂肪酸：反式脂肪酸，又稱「反式脂肪」，是一類不飽和脂肪酸。

反式脂肪酸主要存在於麵包、餅乾、薯片、人造奶油、巧克力派等加工食品中，這些加工食品為了增加食物味道的穩定性，會加入反式脂肪酸，食用含有過多反式脂肪酸的食物，恐導致血液中的膽固醇升高，從而增加心腦血管疾病發生的機率。

配料表中，有時候還有一項對我們非常實用的內容，叫營養素參考值（NRV， Nutrient Reference Values）。營養素參考值表示的是每100g（ml）食品中所含的營養成分，占人體一天所需營養成分的百分比。比如某款乳酪食品，觀察它的營養成分表：每100g 乳酪中，鈣的含量占人體一天所需鈣含量的120%。也就是說，只要我們每天吃100g 這種乳酪，我們每天所需要的鈣元素就夠啦，甚至還超過20%呢，這是不是很方便？所以，當我們買東西時，別忘了在注意看生產日期和保質期之際，順便要仔細核對一下配料表、其他表格和說明，讓你也能成為一個聰明的消費者。

5. 商品定價的學問
商品昂貴之處何在？

聰明的消費者們，你們在選購商品時，除了考慮商品效用、價格、包裝之外，還會考慮什麼？如果你一時想不起來，可以先看看這篇小故事……。

週末，馬小跳和爸爸、媽媽一早出發去公園玩。公園裡除了各種遊樂設施，還有運動場地。他們準備先划船，再打羽毛球。

　　因此，馬小跳特意換上了媽媽新買的運動鞋和運動衣。媽媽經常幫他添購這款運動品牌的衣服。爸爸原來的羽毛球拍壞了，這次特地換了一個新牌子，試試看效果如何？

　　一個上午玩下來，馬小跳很開心，之後他覺得既累又渴，於是買了一瓶運動飲料，希望幫助自己恢復體力。到了中午，一家人計畫在公園附近找一家餐廳吃飯。可是發現周圍有美食漢堡店、涮涮鍋、燒烤店和烤鴨餐廳。究竟要去哪利吃才好呢？

　　馬小跳自然想去速食店吃漢堡，可惜爸爸媽媽不喜歡，全家人商量了一下，最終決定去吃烤鴨。

　　小朋友，你發現了嗎，像運動衣、羽毛球拍、運動飲料、飯店等，除了商品本身的名稱以外，都還有一個品牌名稱，例如商品包裝、店鋪招牌上也印有該品牌的 LOGO。

　　相同品項的產品有很多種品牌，不同品牌一般由不同的廠商生產，因此我們在選購商品時還要考慮品牌。雖然知名品牌的產品價格，一般會比普通品牌的價格高，但人們還是較為青睞名牌產品。

　　這是為什麼呢？

機智問答

　　LOGO：LOGO 是英文 logotype 的縮寫，是一種可以識別和傳達資訊的視覺圖形。通過簡約、獨特的造型語言，可讓消費者記住品牌的主要特徵和品牌文化，在競爭日益激烈的市場上，達到增加識別度和推廣企業形象的作用。

品牌的價值──好品牌，好品質

　　我們總能聽到廠商說要打造品牌，那麼品牌對商品來說，到底有什麼作用呢？為什麼一提到某某品牌，消費者不僅會馬上想起那個品牌的標識，還會聯想到產品特點、產品帶給大家的使用感受等相關內容？

　　其實，這就是品牌的價值。從經濟學家看來，品牌除了是商品的標識之外，也是消費者對某一種產品的認知程度的體現，所以品牌具有自己的價值。

　　那麼，一個品牌為什麼可以具有這樣的價值呢？聰明的消費者們，你們可以想一想，當提到某樣產品的品牌時，我們首先想到的往往是產品品質。好的品牌幾乎都是從具有良好品質的商品開始創建的。對很多消費者來說，購買某些特定品牌的商品，其實就是

對這個品牌質量的信任。那麼，剔除產品品質這個因素以外，還有什麼和品牌價值有關連呢？廠商的服務、對某個

品牌的認識，甚至對某個品牌背後的企業文化的特殊喜愛等，這都會影響這個品牌的價值。

而對廠商來說，他們早早就意識到品牌價值的重要性，所以他們會一直努力，強化消費者對品牌的信任、喜愛甚至是歸屬感。但是，品牌的影響和價值並非一成不變的，很多時候，品牌的影響力甚至也會提高或降低商品的價格。

所以，聰明的消費者們，你們在購物時，一方面要了解品牌，知道品牌價值，並在此基礎上選擇自己喜歡的品牌；另一方面也要更加理性、客觀地看待品牌，多方了解商品本身，看看商品是否和自己的需要相符，這樣才能買到更適合自己的產品，成為一個聰明的消費者。

稀缺性─物以稀為貴

透過前面幾章的學習，我們知道了商品價格在某些方面由供求關係決定，當供給大於需求時，商品價格就會下降，反之，商品的價格就會上升。

所以，如果某種商品是稀缺的，那標價就會特別高。至於我們該怎麼理解「稀」這個詞呢？

　　第一，「品牌本身」就具有一種稀缺性。同類的商品，品牌 A 的商品售價是 10 元，品牌 B 的商品售價是 20 元，有些消費者會更傾向於多花一倍的錢購買品牌 B 的商品，因為品牌 B 是一個知名的牌子，消費者樂於為大品牌買單，這就是品牌的稀缺性。

　　第二，「商品屬性」的稀缺。想一想，我們平時看到的商品，哪些會賣得貴一些？ 一種是技術領先的產品。新技術本就是是一種稀缺資源，畢竟不是所有的廠商都能同時掌握新的技術。所以，具有創新技術的廠商，就會因為這種稀缺性而提高自己的產品定價。比如在電子產品、製造業當中，很多商品賣得會比同業的貴一些，正是因為他們運用了最新的技術。

　　另一種是有限資源。埃及的長纖維棉為什麼那麼貴？因為優質長纖維棉需要好的棉花，而好的棉花需要充足的光照、較多的熱量和乾燥的空氣，符合這種環境的棉花產地是有限的，所以造就了優質長絨棉也是有限的。

還有一種是手工製造的產品。在現代工業社會，手工製造具有很強的稀缺性。這在藝術品、工藝品製作上尤其凸顯。一件好的手工藝品，廠商會宣傳說自己的產品是「純手工製造」，價格可能比機器製造的同類產品，貴上幾倍。

韋伯倫效應 [1]

如果有人問，什麼樣的商品才是消費者喜歡的商品？也許有人會說「物美價廉」！可有一些商品卻不是靠物美價廉來獲得消費者的認可的。我給大家說說一個廣為流傳的故事。

韋伯倫

一個老師傅給了一個年輕人一塊石頭，這塊石頭又大又漂亮。老師傅讓他把石頭拿到市集上去販賣。臨行前，老師傅神秘地對年輕人說：「你不要真的賣掉石頭，而要注意觀察人們的反應，多留心大家報出的價格。」年輕人拿著石頭來到了集市，他剛把石頭放到攤位上，就吸引了一群人靠過來。一位中年大叔看到這塊石頭，想要買給孩子當玩具，還有人覺得這

塊石頭很漂亮，他希望能買下它並將它放到自家的魚缸裡當擺件。

每個人都根據心中的定位給出了相對應的價格。到了晚上，這個年輕人從市集上回來，告訴老師傅大家出的價格都在十幾元。老師傅聽完後，要年輕人第二天把這塊石頭拿到黃金市場去賣。第二天晚上，年輕人開心地從黃金市場上回來，他告訴老師傅，竟然有人願意出 1,000 元買這塊石頭。但是老師傅聽了之後，並沒有同意讓他賣了石頭，而是讓年輕人第三天再去珠寶市場上去賣，並且價格不能低於 50 萬元。於是第三天，年輕人帶著這塊漂亮的石頭來到珠寶市場。有人出價 5 萬元，他不賣。有人出到了 10 萬、15 萬元……他還是不賣。人們越發對這塊石頭感到好奇了。

最後，年輕人竟然以 65 萬元的高價賣出石頭。

這當然不是一個真實的故事，但它提出了一個經濟學上的概念，就是「韋伯倫效應」。「韋伯倫效應」是指消費者對一種商品的需求，可能會隨著商品價格的提高而增加。換句話說，就是一個商品的定價若越高，反而可能會更暢銷。比如，我們常常看到的某些

品牌的背包或是皮帶價格很高，其實大家都很清楚，它的成本並不高，但是依舊有很多人去買，藉以尋求心理上的某種滿足。

有時候，「韋伯倫效應」還被稱為「炫耀性消費」，用以展示自己的「財力」，從而獲得心理上的榮譽感。看到這邊，你們是否發現，原來商品的價格還有這麼多學問：

1.「品牌」代表著商品品質優良，口碑極好，容易讓人產生信任。

2.「稀缺性」代表著商品不可替代，能夠讓人覺得它是有價值的稀缺資源。

3.「韋伯倫效應」除了可以滿 足基本的商品需求，還可以滿足我們的心理需要。

所以，聰明的消費者們，當你們在選擇商品時，不妨試著更理性一些，仔細分析購買商品的目的是什麼，究竟是選擇品牌、渴求炫耀，還是選擇商品實用的功能。

1.（1857~1929 年），美國經濟學家，制度學派的創始人。主要著作有《有閒階級論》及 1904 年出版的《企業理論》（The Theory of Business Enterprise）。由美國經濟學家托斯丹・邦德・韋伯倫（Thorstein Veblen，1857~1929 年）在《有閒階級論》一書所提出的觀念。係指在韋伯倫效應中，消費者購買商品的價格，並非由產品本身決定，而是由提供產品的環境和包裝所決定。而且賣得越貴，越有人搶著買。

6. 性價比
怎樣購買最划算？

關於購買商品，除了前面幾章提及需要考慮的因素之外，經濟學家們很早就研究出各種理論，只需了解並利用這些理論，我們就可以更加划算地買到合適的商品。現在，讓我們一起來看看。

麵包一漲價，饅頭為何就熱銷？

小朋友，你喜歡吃麵包嗎？當你肚子餓時，啃個麵包往往就能有效緩解饑餓。但如果有一天，麵包很難買到，價格還瞬間變貴，那麼，為了填飽肚子，你會不會改吃饅頭呢？

其實單從「吃飽」作為目的來看，饅頭和麵包的功能差不多，那麼當麵包價格太高時，很多人就會選

擇不買麵包，改吃饅頭算了。這樣，饅頭的銷量就會大大增加。在這個簡單的生活現象背後，其實蘊藏著深刻的經濟學理論。

前面我們講到商品價格時，曾經提到過商品的「替代品」，這是什麼意思呢？

從字面上來說，就是「可替代的商品」。兩種功能相同或相近的商品，兩者均可滿足消費者的同一種需要，它們就互為替代品，比如牛肉和羊肉就互為替代品。

互為替代品的商品具有什麼特點？

假如 A 商品和 B 商品互為替代品，那麼當 A 商品的價格上升時，B 商品的銷量往往會增加，因為 A 商品價格的提高，增加了人們對 B 商品的需求。當然，

麵包吃不起了，啃饅頭也能吃飽。

反過來也是一樣。

　　所以，替代品的特點是，能夠實現和本行業具有相同功能的其他商品的作用。這樣在廠商和消費者中產生競爭。一般情況下，替代品的價格越低，競爭也越有力。同時，如果這樣的商品在性價比上很有優勢，有時就會讓部分消費者改變自己的飲食習慣。比如習慣吃麵包的消費者，就會開始變得更習慣吃饅頭。

　　知道了「替代品」這個概念，我們便能在實際生活中，更有意識地在購物時，給自己多一個選擇。

　　作為一個聰明的消費者，我們還可以準備一些替代品的列表，一旦某種商品的價格提高，我們還有效用與之相差無幾的替代品可以選擇。這樣一來，我們就可以花更少的錢，買到效果相近的產品。

　　此外，在經濟學中，除了替代品，還有一個觀念是「互補商品」。這是指兩種商品必須組合在一起，才能滿足消費者的某種需要，這兩種商品就是互補商品。比如羽毛球拍和羽毛球、眼鏡鏡片和鏡架、自行車與自行車輪胎、顏料與畫筆、鉛筆與橡皮擦、牙刷與牙膏等，小朋友可以開始動動動筋，想想生活中還

有哪些商品是互補商品？

　　互補商品一般分為兩類：一類是普通互補商品，是指兩種商品之間沒有固定的同時使用的比例，比如牛奶和咖啡；另一類是完全互補商品，這兩種商品之間，必須按照固定的比例同時使用，比如一個眼鏡框和兩個鏡片。

　　了解了互補商品的概念，對我們的消費會很有幫助。因為，有時候廠商會採用一種「交叉補貼」（cross subsidization）的方法，即通過降低互補商品當中的某一種商品價格，達到增加另一種商品銷量的目的，比如廠商免費贈送飲水機，但需要在固定攤位元元元購買桶裝水。

還有一種是「綑綁銷售」（Bundling），將商品與商品、商品與勞務等組合在一起進行銷售，比如買一贈一、買手機送話費等。總之，我們了解互補商品的概念，就可以在購買商品時增加新的選擇。隨時留意合理的合售產品，這時的價格往往會比平時低一些。在遇到廠商交叉補貼時，我們選擇那個降價的產品來購買，這樣就可以省下更多的錢。

大瓶優酪乳和小瓶優酪乳，怎麼選？

小朋友，當你在商品的貨架前選購商品時，會不會發現這樣一個現象，相同的商品卻有大包裝、小包裝，或者單獨包裝、套裝等不同的規格？我們拿起這些不同規格的商品反覆比較後就會發現，除了商品的包裝形式、容量不同之外，其他資訊完全一樣。那麼，同樣的商品為什麼會有不同規格的包裝呢？我們又該選擇哪一種呢？

小朋友是不是

有點頭暈了？

　　哈哈，傳授你一個小竅門：不同規格的相同商品，我們可以比較它們的單價，但

　　這裡就需要用上我們在學校學到的數學知識。比如小包裝的優酪乳是 200 毫升，但是不單賣，你必須一次買 6 瓶，價格是 36 元。而大瓶裝的優酪乳可以單賣，一瓶是 500 毫升，價格是 14 元。那麼你算算看，到底是買一大瓶的優酪乳划算，還是買 6 小瓶合售的優酪乳划算？

　　這個問題，肯定難不倒早已掌握除法的小朋友們，那麼現在就讓我們來做做這道應用題，算一算這兩種規格的優酪乳的單價吧。

　　小瓶的優酪乳，6 瓶合售，一共 36 元，所以一瓶價格是 36÷6 =6 元，一瓶 200 毫升，也就是每 100 毫升賣 3 元。而大瓶的優酪乳一袋 500 毫升，價格是 14 元，也就是每 100 毫升賣 2.8 元。這樣算下來，應該是大瓶裝的優酪乳更划算才是囉？

　　不過，也有聰明的消費者會問，那為什麼還要推出小瓶合售的優酪乳呢？大家都去買大瓶裝的優酪乳

不就好了？其實我們不妨想一想，前面說過的商品效用：小瓶裝的優酪乳，也有它自己的效用。比如有人一次喝不了那麼多，那麼對他來說，小瓶的優酪乳顯然更實用。又或者有的人需要外出，不可能攜帶大瓶的優酪乳，那麼對他來說，購買小瓶的優酪乳應該更方便。所以，作為聰明的消費者，在面對不同規格的相同商品時，試著先算一算單價，然後再根據自己的實際需要，決定購買哪一款商品，這才是最聰明的做法。

愛用「國貨」

不知道聰明的消費者們是不是已經注意到，這幾年台灣有越來越多的自創品牌問世，無論是設計性、功能、質量，還是科技含量都越來越好。

這些自創品牌的商品，除了在品質上毫不遜色，

甚至在價格上也比國際精品更便宜。所以，聰明的消費者們，在你們選擇購買某商品的時候，可以學會觀察、比較，按照商品實際的外觀、品質、功能來做出商品的性價比。這時你會發現，購買國貨其實也是一個很好的選擇。

選擇購買時機

選購商品還有時機？

沒錯，聰明的消費者們是不是也會在生活中遇到這些情況：例如秋天來了，夏季的衣服紛紛打折，媽

媽在逛商場時 突然買了好幾條裙子，價格都很便宜；你在玩具店看中一輛遙控汽車，標價 300 元，媽媽跟你說：「下周就是兒童節了，到時候肯定有促銷活動，咱們過幾天再買……」那麼，媽媽是怎麼知道衣服什麼時候打折？玩具又是什麼時候做促銷呢？

這時，選購商品的「時機」就會出現啦：在換季的時候購買商品。我們在第三章學到了商品的均衡價格由供求關係來決定。有些商品受到季節的影響比較大，比如服裝、空調等，當季節變化時，原來的消費需求減少，這時，商品價格就會下降。所以，對一些季節性很強的商品，在換季時添購，正是最聰明的選擇。

此外，在各種節日或廠商的年度大特賣時，商品通常會比平時便宜許多。比如母親節、父親節、情人節、春節等重要節日，還有不同廠商的店慶日等促銷日，小朋友們知道了這些時間節點，或許就可以更優惠的價格買到同一件商品。

另外，隨著商業競爭越來越激烈，各種優惠、促銷越來越多，既有實體店廠商的打折促銷，也有各種購物 APP 上獲得的紅包、優惠券。聰明的消費者可以

在閒暇的時候，多多留心這些優惠資訊，再配合每年廠商不同促銷的時間，有時真可以撿到大便宜呢。

7. 廠商的心思
雙贏才是正道

常言道「買的不如賣的精」，小朋友要想成為一個聰明的消費者，一定要多動腦筋，不要被市場上的表像迷惑，要知道，廠商為了獲取更多利潤，會花很多小心 思……。

隱形漲價

小朋友，你有沒有發現一個現象，就是每隔一段時間，你經常購買的某種商品可能就換包裝了！該開始時，你可能會覺得，

這是廠家的一種宣傳手段，目的是讓消費者感到新鮮，避免對貨架上的商品產生「審美疲勞」。確實，廠商

給商品換包裝有這部分原因，但是你有沒有想過其他原因呢？

現在，讓我們去超市實地考察一下，出發前請準備好一個筆記本和筆。

來到超市，我們開始尋找那些飲料。這時，你可以拿出小本子來記錄一下某款飲料的容量和價格。等過一段時間，你再去超市看看，是不是飲料瓶的容量隨著包裝的更換變少了？但商品價格卻沒有因此調低，有時還會因為換了新包裝，提高定價。

或者，瓶子的容量沒有減少，但是隨著更換包裝，以及配合新廣告推出，商品價格卻略略提高了……。這些都是廠商「隱形漲價」的方法。你們可一定要多多注意。

合售

我們在購物的時候，是不是經常會看到廠商把不同的商品包在一起銷售？有時是兩種不同的青菜標一個總價，有時是糖果和小玩具，有時是飲料和水杯……這種銷售行為，就叫「合售」。 一般來說，要想取得

好的效果，合售也需要制訂相對應的銷售策略。比如，曾有廠商將可樂和某個品牌的洋芋片進行合售。現在，我們請各位聰明的消費者想一想，這樣的搭配組合效果會好嗎？

是的，你們一定會覺得，這樣的促銷效果非常好。畢竟可樂是一種常見的休閒飲料。消費者隨時都可以喝一點。而在喝可樂的時候，是不是也會想著配些食物呢？是的，大家肯定會立刻想到洋芋片。畢竟，可樂和洋芋片簡直是絕配呀。所以，當可樂和洋芋片一起合售時，消費者會非常容易地被「代入」自己日常生活的場景中，甚至會不自覺地感到，兩種商品一起買非常方便，所以可樂和洋芋片的銷量自然就會增加了。

在第六章我們介紹過「互補商品」這個概念，是指兩種商品之間，存在著某種在消費上的依存關係。換句話說，消費者在購買某種商品時，也需要購買與之互補的商品。而這裡的可樂和洋芋片，其實也算是一種互補關係。

當然，不是所有的合售都對消費者有利，這就要聰明的消費者在購買商品的時候擦亮眼睛，仔細研究放在你面前的商品。有的時候，廠商合售可能就是為了平衡價格。比如某個商品比較好賣，而另一個商品銷量不好，又或者正好廠家有降價的空間，甚至另一個商品快要到期了……，這時，廠商就會把熱銷商品跟滯銷貨物合售來吸引消費者，並根據可調節的利潤空間，精算出商品的價格。這時，消費者看了總價，可能會覺得這樣購買更加划算，買得很開心；而廠商通過這樣的「捆綁」可以獲得更多的利潤，廠商也高興，這就是「雙贏」。

所以，當我們在看到合售的商品時，一定要多留意，想一想這樣購買是否划算，額外的商品自己能不能用上，然後再做決定。

機智
問答

　　利潤空間：利潤空間是價格（收入）和成本
（費用）之間的差額。

　　利潤等於收入減去費用。

　　如果成本（費用）不變，利潤空間取決於價
格能提高的幅度，價格越高，利潤空間越大。

8. 消費者的進階課
藏在市場裡的心理學

我們學到這裡，已經掌握了很多消費的知識，可算是一個聰明的消費者了。不過要想成為一個消費高手，我們還要上進階課，了解市場經濟中的心理學。

只是，了解市場經濟要還學心理學？

是的，經濟是一門關於「選擇」的學科，經常需要人們權衡利弊，所以研究人的心理就顯得非常重要。消費者、店家和市場，誰也離不開心理學。

「心理帳戶」的運用

說到帳戶，相信各位聰明的消費者都不會陌生吧？那麼，「心理帳戶」又是什麼呢？說穿了，心理帳戶就是每個人在心中為生活、工作等不同內容建立

娛樂帳戶

學習帳戶

吃飯帳戶

生活帳戶

的不同帳戶。針對這些，人們通常都會有下意識的認知，比如哪些錢應該花在哪裡？哪些錢該花或者不該花？

在我們的潛意識中，其實給每筆錢都安排了不同的「帳戶」。比如，週末你打算去看一場電影。這部片子是你一直想去看的，門票花了你 100 元。可是，就在準備出門的時候，你發現前幾天新買的一本書不見了，這本書同樣也花了你 100 元。 這時，如果有人問你是否會選擇把電影票退了，你會怎樣回答？

你肯定會說：「還是要去呀，因為新書丟了和去看電影，是兩回事。」但是，如果互換一下，假設在出門前，你發現花了 100 元買的電影門票不見了。那麼，你還會再花 100 元買票嗎？

　　這時，可能會有很多人會回答不去看電影了。

　　因為他們會覺得，這樣一來，自己豈不等於是花了 200 元去看這場電影。

　　這和前面新書弄丟了，價值損失不是一樣的嗎？為什麼很多人會做出這樣的選擇呢？

　　其實，這就是心理帳戶在作用，心理帳戶會在人們的心裡，默認不同的錢應該花在不同的地方。從上面的例子可看出，買書的錢和看電影的錢，我們其實默認是兩筆費用，它們之間不會產生任何關係，屬於不同的「帳戶」。

　　所以，書弄丟了不影響我們看電影，但如果是電影門票弄丟了，我們多半不會再去補買一張門票。心理帳戶其實只存在於人們的思維當中，但很多時候，它都在影響我們的消費決策。

　　同時，從心理帳戶的角度出發，錢的多寡也會影

響人們的安排。比如，爸爸今天發薪水，給你 100 元零用錢，你可能選擇用這 100 元去吃一頓大餐。可是如果爸爸是給你 1,000 元，你可能會選擇放進存錢筒裡存起來。

這是因為你在心理上覺得 100 元屬於額外的「小收入」，可以立刻花掉，而 1,000 元幾乎是自己兩個月的零用錢，因此會被你看作是一筆額外的「大收入」，因此決定存起來比較妥當。

此外，心理帳戶還有一個「支付的分離」理論，這在日常生活中很常見的情況。比如，我們去遊樂場玩耍的時候，遊樂場通常會出售那種可以玩所有項目的全票。買了這種票，你就可以玩遍遊樂場裡的所有項目，而不用去每個地方再排隊買票。很多人都喜歡這種消費模式，總覺得全票會更划算。所以，「支付的分離」理論，就是把掏錢的時刻和後續實際享用商品的時刻分開來，可以把「心疼」的感覺降到最低，給人一種「你只需花極少的錢，便可享受超多服務」的心理滿足感。

下次當你再去這種有販售全票的遊樂場時，不妨

實際算算你一整天下來玩過幾個想目？全票真的比較划算嗎？

　　了解這些心理學的道理，我們就可以將它活用在生活中，讓自己在花錢和心理感受之間，找到一個合理的平衡。

確定性效應

　　20 世紀 70 年代有兩位心理學家，一個叫丹尼爾・康納曼（Daniel Kahneman），另一個叫阿摩司・納坦・特沃斯基（Amos Nathan Tversky）。他們在研究人類的行為和心理時，觀察到每個人立足的參考點不同，看對風險的態度也就大不相同。之後，他們把研究的成果總結為「展望理論」（prospect theory），也叫「前景理論」。這種理論將心理學研究運用到經濟學當中，找出影響人們選擇的非理性因素，可說是行為經濟學中的一項重大研究。

　　他也因這一理論獲得了 2002 年的諾貝爾經濟學獎。這個理論提出了人們在做選擇時的很多心理偏好，比如「確定性效應」（Certainty effect）。

機智問答

行為經濟學：行為經濟學是經濟學的重要分支，是一種實用的經濟學。它將行為分析理論與經濟運行規律、心理學與經濟科學有機結合起來，藉以發現現今經濟學模型中的錯誤或遺漏，進而修正主流經濟學關於人的理性、自利、完全資訊、效用最大化及偏好一致基本假設的不足。

它是什麼呢？

確定性效應就是在確定的收益和可能的收益面前，人們會更傾向於選擇確定的收益，正如人們常說的「落袋為安」等。有一個實驗，工作人員要求人們在兩個選擇中任選一個。一個是你一定能賺 3 萬元；一個是你有 80% 的機會賺到 5 萬元，也有 20% 的機率什麼也得不到。實驗結果是，多數人都會堅持第一個選擇。畢竟人們往往喜歡見好就收，不敢冒險，害怕失去已有的收益。

那麼，聰明的消費者們，你們是否知道在實際的

生活中，確定性效應有什麼作用呢？在回答這個問題之前，我先講一個事實。很多店家會採取很多促銷手段來提高銷量，比如去餐館吃飯，店家會提供兩種優惠，一種是消費滿 200 元贈送一杯鮮榨果汁，另一種是消費滿 200 元即贈送一張 50 元優惠券券，但只能在下次來店消費使用。

這時，你會怎麼選擇？

其實，店家的這種促銷手段就是對消費者運用「確定性效應」，選擇果汁是當場就可以獲得，是確定收益。而優惠券雖然金額更高，但有不確定性，畢竟誰都不知道自己下次什麼時候會來，甚至還有可能以後都不會再來了。

損失規避心理

　　小朋友們是不是經常會遇到這樣的情況？大家一起比賽，有些小朋友並不是很積極。如果問他，他往往會說：「我怕輸」……

　　這雖然是一件小事，但是當我們仔細思考這個問題時，就會發現一個規律：很多時候，相對於想要贏，人們更多的時候是「不想輸」。其實，這背後也是一個有趣的心理學現象。

　　心理學家發現，相對於獲得收益時的快樂，人們在蒙受損失時所感受到的痛苦往往會更大。這種對損失更加敏感的心理，心理學上叫「損失規避」（Loss aversion）。心理學家們經研究認為，損失所帶來的

負面效益，是同樣收益帶來的正面效益的 2 至 2.5 倍。

　　有一個拋硬幣的小測試，就是隨機詢問一個人，硬幣哪面朝上？當你拋出硬幣，如果正面朝上，他就會獲得 100 元，反之若正面朝下，這個人就要支付 100 元。如果問你，你會參加這個遊戲嗎？雖硬幣正面朝上和正面朝下的機率是相同的，但就是有很多人不願意參加這個遊戲。原因即是前面所說的，在同樣數量的損失和收益下，人們的心理效用是不一樣的。

　　所以，當我們知道了存在損失規避這個心理現象時，就可以來分析店家常用的銷售手段。在網路購物時，店家更希望消費者在下單後就付款，而不是貨到付款。因為在之前一次次的交易中，店家發現消費者在收到貨後，也有一定的機率會拒收。這樣一來，商品就要被退回，這筆交易也就作廢了，店家當然不希望這樣的事情發生。

　　那麼，店家要怎麼辦呢？

　　有些聰明的店家會在購物頁面上提高商品價格，

同時標明「如果採用下單立即付款的方法，這件商品就可以優惠 XX 元。」

你看，這樣一來，最終成交的價格其實和店家期望的價格一樣。但對消費者來說，只要選擇下單立即付款，就可以避免「多損失 XX 元」，所以他們在購買時，自然就會更傾向於選擇下單立即付款。而且，很多原本不急著要買這件商品的消費者，看到這樣的規則時也許會想到，這件東西反正早晚都要買的，現在下單還能便宜一點，很划算。於是，他可能就直接下單並付款了。這樣一來，店家的銷量又會增加。

我們再來看店家打折的例子。有些電器商店會選擇以舊換新的方法來吸引消費者。

他們為什麼要這麼做？

因為這樣做，消費者會覺得自己舊的東西沒有浪費掉，還能用來扣抵，這也是一種損失的規避。有些照相館也會採用這樣的方法。比如他們會在顧客來選拍好的照片時，把所有的照片都擺在顧客面前，並且告訴顧客，不想要的照片可以直接刪掉，然後他們就當著顧客的面，點擊照片，直接刪除。這樣一來，顧

客就會被店家引導著，開始強烈地感受到自己的損失。店家會在顧客選擇照片時，不斷地強化這個概念，讓顧客有一種「每刪除一張照片，就會遭受一次損失」的想法。

這樣在最後，顧客選擇留下的照片會比預期的多很多，也就不知不覺地花了更多的錢來消費。現在，我們知道了損失規避的心理學知識，以及店家的銷售小心思，當你們再看到店家促銷，覺得自己「不買就虧了」時，請記得多想一想、算一算，按照店家的說法去消費，真的最划算嗎？

定錨效應

在商業活動中還有一種經常被應用的心理學知識，叫「定錨效應」。

這是什麼呢？

我先來看一個有趣的小實驗。研究者找來了 A、B 兩組人，每組各 20 人，這兩組人的年齡、知識水準等條件差不多，研究者讓兩組人分別猜測聖雄甘地去世時的年齡。不同的是，研究者對 A 組的人說：「你覺

得聖雄甘地是什麼時候去世的？他是在 9 歲前去世的嗎？」

而對 B 組的人，研究者則說：「你覺得聖雄甘地是什麼時候去世的？他是在 140 歲前去世的嗎？」然後，研究者讓 A、B 兩組人員寫下自己猜測的結果。我們都知道，聖雄甘地既不可能在 9 歲前去世，也沒有活到 140 歲。可是，實驗的結果卻非常有趣。A 組猜測的平均年齡是 50 歲。而 B 組猜測的平均年齡則是 67 歲。兩組人猜測的平均年齡，居然差了 17 歲。

這個小實驗其實就體現了「定錨效應」（Anchoring

Effect，或 focalism），又稱「錨定效應」。它是很容易由第一印象而產生偏見的一種心理現象。在前面的實驗中，研究者的問題就相當於一個「錨點」，讓受測試者在心裡面有一個預估，這就影響到了受測試者的心理。所以 A 組人員就會更傾向於猜測一個較小的年齡，B 組則相反。

那麼，在我們實際的生活中，店家會怎樣運用這個心理呢？比如馬小跳去一個小餐館吃飯，點了一碗麵，之後老闆問他：「乾麵要加一個雞蛋，還是兩個？」

別小看這一句話，其實這句話就是店家給消費者設定的「錨點」，也就是說，讓消費者一定要在加雞蛋的選項裡進行選擇。如果老闆問的是：「加不加雞蛋呢？」那麼很多人可能不會選擇加雞蛋了，這樣一來，老闆就少了多賺一個雞蛋的錢。

就「定錨效應」來說，除了有上述這樣「吸引」的作用之外，還有一個「對比」的作用。運用「定錨效應」中的對比作用，是精品店業務經常使用的一種手段。比如一個知名的精品品牌推出一款限量手錶，這款手錶的價格是 100 萬元，而且只量產 5 個。當消費者看到這個消息時，一定會覺得這是非常昂貴的限量款。可是當消費者看到這款這麼昂貴的手錶之後，再看看店裡的其他商品，就會覺得其他商品的價格似乎不是那麼貴了，於是就會購買其他商品。

這就是「定錨效應」心理中，「對比」所產生的作用。

所以，聰明的消費者們，當你們去買東西，店家詢問你的選擇時，請務必要理性分析，想想這是不是店家丟給你們的一個「錨點」？

而在店家給出的選項之外，你們是否還有更划算的選項？

比例偏見

各位聰明的消費者，現在請你們思考一個問題：「若在購買不同商品時，損失了相同的金額，你們的心理感受會一樣嗎？」回答這個問題之前，我們先一起看看下面這個例子。

有一本很重要的參考書，在你家附近的書店可以買到，售價是 80 元。而如果到距離你家需要 20 分鐘路程的書店去買同樣一本書，卻只需要 50 元。那麼請問你願意多花一點時間或體力走過去購買嗎？

我想，應該會有很多人都會選擇花一點時間走路過去買⋯⋯。

那麼，假如爸爸想換一支新手機。手機可在距離你家很近的手機商店買到，售價是 5 萬元；而如果同樣到距離你家 20 分鐘路程地專賣店買，售價便宜 30 元。那麼你還會為了省下 30 元，選擇去那個較遠的專賣店買嗎？

　　這時，應該會有很多人選擇不去了。

　　因為他們會覺得，一支手機的價格高達 5 萬元，與此相比，那 30 元差價根本就不算什麼。那麼問題來了，既然都是 30 元的差價，為什麼買書的時候，人們會願意去遠一點的地方買，反而在購買手機時，這個觀念卻不靈驗了呢？這裡，我們就要引出一個概念，叫做「比例偏見」。

　　「比例偏見」是指商品的實際價格與參考價格之間的相對差額所帶來的影響，相對差額越大，帶給人們的滿足程度就越高，也就是說，人們在消費時，對比例的感知要比對數值本身的感知更加敏感。畢竟很多時候，我們本該考慮絕對值或數值的變化，但我們

卻總是更加注重比例或倍率的變化。所以，我們在購物時總能看見店家喜歡標註某件商品正在以幾折的優惠銷售中，而不會直接標註某件商品優惠多少元。

從眾心理

從眾心理一般稱為「羊群效應」，可能是大家都比較熟悉的一種心理理論。簡單來說，羊群效應是一種跟風現象，就是一個人的行為、想法或決定，總會受到自身所處群體的影響。或者接受群體的有利影響，或者受到來自群體的壓力，最終會使自己的行為朝著和群體一致的方向發展，這種心理也經常被店家用在市場的行銷活動當中。

比如我們經常會看到某部電影上映之後，每隔一

段時間就會大力宣傳電影的票房有多少。當票房達到 100 萬的時候，似乎人們的反應不是很強烈，但是已經開始引起人們的討論；當票房達到 200 萬時，周圍人們的討論就會開始出現變化，有些尚未進場看過這部電影的人，開始會有不妨去看一看的想法；而當票房到了 300 萬，那些還沒有看過這部電影的人，想去看片子的慾望就會更強烈，這便是店家利用人們的從眾心理最好的論證—通過對電影票房的宣傳和對劇情的討論來影響更多的人，讓更多人產生想去看電影的想法。知道了這個理論，以後我們再聽到周圍的人都在討論某個商品、某部電影時，我們就能意識到，這或許是店家的一種宣傳和促銷手段，我們要學會冷靜客觀地看待它。

宜家效應（IKEA effect）

小朋友們有沒有去過 IKEA 呢？這是一家來自瑞典的傢俱商店，以簡約美觀的設計和相對低廉的價格著稱。IKEA 傢俱因為設計新穎、風格 簡約、方便實用，受到全世界消費者的喜愛。

　　而除了這些特點之外，其實還有一個原因讓消費者對宜家的產品深具好感。我們知道，IKEA 大部分的傢俱都需要使用者買回家後自己組裝，小朋友們可能也和自己的爸爸一起組裝過床、書櫃之類的東西。當消費者看著自己組裝的傢俱放置在房間中，成為自己生活的一部分時，心情會非常愉快，充滿成就感。

　　有時，消費者也會把這種愉快的心情分享給身邊親友們，或者上傳到自己的社交平臺上，而這種自己組裝的樂趣，在不知不覺中也成為最好的口碑宣傳。

　　這又是什麼心理學原理呢？

　　人們給這種現象起了一個直截了當的名字—宜家效應（IKEA effect）。意思是說，消費者總是會對自

己花了時間跟精力完成的東西給予更高的評價。例如現在很多小朋友會在週末時跟爸爸媽媽或同學去參加一些手工活動，像是烘焙蛋糕、學習木工雕刻之類的活動等等。這些活動都要小朋友們自己動手完成，雖然最後的成品肯定沒有專業師傅做的好，但很多小朋友還是會開心地向好朋友分享自己的學習成果。現在有越來越多店家發現這個規律，他們開始有意識地在日常的商業活動中運用。

例如 2014 年，小米發佈了一款機上盒，這款機上盒和其他機上盒最大的不同，就是它為用戶提供了 DIY[1] 的服務方式，這就是一大賣點，可以買回來自己組裝。而對很多喜歡自己動手的用戶來說，能夠親手組裝機上盒是一件非常有趣的事情，而自己在動手組裝之後，也會對產品進行好評。這樣一來，讓小米產品的口碑在使用者當中得到傳播，有效推動小米系列產品的銷量。其實大家想想看，是不是現在很多傢俱廠商，都開始學習 IKEA 的方法，推出需要使用者自己動手組裝的產品？這其實一方面省去組裝的成本，另一方面增加消費者的好感，堪稱一石二鳥。

期望值

　　小朋友們，每次考試完發布成績，你們是不是都特別緊張？你有沒有發現，有時候你的分數不是特別高，但由於這次考試很難，所以當你知道分數時，還是很高興，因為分數超出預期。而有的時候，雖然考試的分數不錯，但因為這次考試準備充分，自己覺得胸有成竹，可是分數卻低於預期值，你反而會不高興，這就是「期望值」的作用。

　　這個道理同樣可以用在我們買東西時。

　　你有沒有陪媽媽逛過街呢？

　　你的媽媽是不是一個「砍價」高手？

　　媽媽在準備砍價時，通常會怎麼做？仔細觀察一下，她往往會裝作漫不經心的樣子，讓老闆覺得她對這件商品不是很上心，買不買都行，這樣在討價還價時，就可以更容易達成目標。下次你再去逛街的時候，可以試著換一個思維，在挑選商品時，表現出對這件商品的極度喜愛，比如摸摸衣服的材質，對著鏡子多比試一下，和店家說一說衣服的花色……，看看老闆

會有什麼反應？其實，你的這些行為會讓老闆在心裡設定一個預期值，就是「這個顧客很喜歡這件衣服，購買的欲望很高」。然後當你詢問價格時，不要害羞，直接告訴老闆你覺得這個價格太貴了。

　　這時，老闆因為已存有「你很有可能會買」的預期心理，再加上我們之前講過的「損失規避」的心理，老闆希望達成交易的想法會更強烈。這時你若再提出一個比原價略低一點的價格，通常只要在合理範圍內，老闆往往都會接受。

1.DIY 是英語 do it yourself 的縮寫，意為自己動手做。

9. 博奕開始了！
消費前先做功課

　　貨架上的商品琳琅滿目，現在，你選好了心儀的商品，它們一個個都圍繞在你的周圍，像是喝彩助威的觀眾。此刻，店主就站在你的對面，你們好像是決鬥的對手。你們互相看著對方，就等著開價的一瞬間……。

　　各位聰明的消費者，當你在和老闆討價還價的時候，你會不會緊張？會不會在腦海中類比對話呢？其實，和老闆砍價不用緊張，關鍵要多多實踐，正確掌握商家的心理。我們前面已經學了那麼多的知識，也明白了老闆的一些小心思，現在我們就實際應用一下我們學過的理論，了解有關討價還價的知識。

有殺氣

關於「博弈論」

　　不知道你們有沒有聽說過「博弈」這個詞？討價還價，其實就是一場博弈。「博弈」這個詞在古代指的是下棋，也指賭博。到了現代，數學中也有博弈論，簡單來說是在鬥爭或具競爭性的情境下，多方個體要根據掌握的資訊和對自己的認識，各自做出有利於己的決定，而他們的行為會相互影響。有一本書叫《博弈論與經濟行為》（Theory of Games and Economic

Behavior），它是博弈
論學科的經典著作。這
本書是由約翰 · 馮紐曼
（John von Neumann）

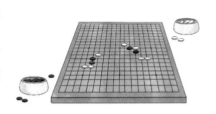

和奧斯卡 · 莫根施特恩（Oskar Morgenstern）一起
完成的。博弈論廣泛應用於經濟學分析、社會活動分
析等很多領域。為了讓大家更好地了解博弈論，我們
來分享一個非常好玩的例子，叫「智豬賽局」（Boxed
pigs game）。

假設，在一個智慧的豬圈裡面，住著一隻機智的
大豬和一隻機智的小豬，這個豬圈是長方形的，一側
有個食槽，而另一側有一個控制這個食槽裡的食物的
開關。每按一下開關，就會有十個單位的食物掉進食
槽。但是因為食槽和開關分別在豬圈的兩端，所以無
論是大豬還是小豬，都要按下開關後再跑到另一端的
食槽裡面去吃。而按開關的豬，來回一趟需要消耗兩
個單位元的體力。在這裡，一個單位的體力等於一個
單位的食物供應。顯而易見，按動開關的豬會失去先
到食槽吃飯的機會。而大豬和小豬進食的速度是不一

樣的（大豬的進食速度比小豬快）。

這時，請你來想一想，站在小豬的角度，最聰明的做法是什麼？我們來分析一下，大概有以下四種情況：

1. 由小豬按動開關，那麼等小豬按完開關之後，大豬已經先開始吃了。這時大豬會吃掉九份，而小豬只能吃掉一份，而且小豬還消耗了兩份來回一趟的體力，因此它們的收益比是 9：-1。

2. 大豬和小豬同時按動開關，它們兩個同時跑過來吃，但是大豬還是比小豬吃得快，這時大豬會吃掉七份，而小豬只能吃到三份。再分別減去來回一趟消耗的體力，它們實際的收益比是 5：1。

3. 小豬不動，等大豬去按動開關，然後自己先在

食槽邊開始吃。但是因為小豬沒有大豬吃得快，因此大豬和小豬吃掉食物的比例是 6：4，但是大豬要扣除掉消耗的兩 份體力，因此收益比是 4：4。

4. 小豬和大豬都按兵不動，沒有食物掉下來，雙方都沒的吃，收益比是 0：0。

上述情況整理成表格，如下表：

智豬賽局	大豬（大）		
	按開關	不按開關	
小豬（小）按開關	大：小 = 5：1	大：小 = 9：-1	
不按開關	大：小 = 4：4	大：小 = 0：0	

這時我們會發現，對小豬來說，最好的方法就是等大豬來按開關，這樣它的收益是最大的。這個例子在博弈論中非常有名，大豬代表實力較強的一方，小豬代表實力

偏弱的一方。從本質上來說，這是一種「以弱勝強」的策略，弱者等待時機，借力發展自己。

這個策略在商業中有很多應用，比如小企業等待大企業開拓出新市場，自己也能分得一杯羹。我們作

為消費者，在買東西時經常會看到一些大品牌商家做的廣告，因為大品牌商家投入的成本更高，他們就相當於「大豬」，所以他們的產品往往更貴。而一些正規小品牌的同類產品，產品功能差不多，因為他們等同於「小豬」，成本低，價格也就更便宜，這也不失為一種選擇。

至於怎麼才能「贏」商家？

作為一個聰明的消費者，要想在和商家的「決鬥」中獲勝，用最便宜的價格買到想要的商品，有一件事一定要做好，那就是在購買之前做好調查。那麼，我

機智問答

成本：人們進行生產經營活動或想要達到某個目的時，必須耗費一定的資源，其所費資源的貨幣表現形式就是成本。從另一個角度上講，成本也可以是做出某種選擇必須付出的代價。

們應該調查哪些內容呢？我們來想一下，如果要想和老闆「討價還價」，那麼是不是要知道商家的價格，還有多少利潤空間？

　　所以，我們首先要調查的，就是成本。

　　我們可以簡單分析一下想要購買的商品，大概由什麼構成？科技含量如人工成本。在知道了這些之後，我們就可以繼續思考，不同的商家可能會為商品加上多少利潤？那麼，我們怎麼知道利潤的增加空間呢？

　　第一種方法，我們可以分析要購買的品，看看這個 商品的基本構成。當我們大概知道了一個產品的成本，再對比售價，就可以知道大概的利潤空間。

　　第二種方法，我們還可以比較同類產品，看看同類產品的價格、品質，然後分析我們要購買的產品在同類產品中的位置，

有助於我們做出更理性的選擇。

第三種方法，我們還可以對商家進行調查，看看商家的情況，他們的規模大不大、人流量多不多、產品的質量和數量怎麼樣。這樣一方面可以讓我們了解商家的可信度，也可以讓我們對商家的心理預期有一個大概的判斷，有利於我們在博弈當中更妥善地進行判斷。

我們在第八章學過了「定錨效益」，知道商家往往會利用這個原理，那麼我們能不能也使用這個原理來獲得和商家博弈的優勢呢？有時候，商家和消費者往往都不肯先出價，好像先出價的一方就會變得被動，但是有時我們不妨「搶佔先機」。比如我們去一些小店買衣服，這些店裡往往不會明碼標價，價格都要詢問店主才能知道，在這種情況下，我們的砍價能力就可派上用場了。

假如我們在討價還價的過程中，老闆先說了價格：「這件衣服 300 元。」這時在你心裡，這個價格就是錨點了，你如果想要砍價，也只能在 300 元的基礎上進行。但是如果老闆說：「這件衣服，你給個價格吧。」

這時，你果斷說出 100 元，那麼對老闆來說，這個價格也是錨點，而老闆若想再加價，也只能在這個基礎上進行了。所以有的時候，我們可以選擇用「搶錨點」的方法來討價還價，這樣也許可以用更實惠的價格買到相應的商品。

在和老闆博弈時，還有一個原則叫「數值簡化」的理論。這個理論又可稱為「不整數原則」，顧名思義是指當我們在報價時，儘量不要報整數，因為這樣更有利於我們討價還價。

曾經有人做過一個測試，讓受測試者充當買家，參與中古汽車的交易。當賣家出價後，測試者作為買家進行還價。賣家的出價分別是 2,000 美元、1,865 美元和 2,135 美元。而測試的結果是：當受測試者看到出價是整數時，他們平均還價的幅度是 23%，而當出價是很精確的數值時，他們的平均還價幅度只有 10 ～ 15%。

為什麼會這樣呢？

當測試結束後，研究人員詢問參加測試的人員時，他們回答說：「因為當我看到一個更加精確的報價時，

我會感覺對方一定是很仔細地研究了這個價格，並且有足夠多的理由去支撐這個價格。」

這個測試說明我們的出價越精確，在對方看來，這個價格的合理性和可信度就越高，也更容易被接受。

我們再舉一個日常生活中的例子，比如我們去買衣服，當我們的心理價位是 300 元時，我們不要急著跟老闆說出 300 元的價格，而是報價 287 元，這樣可讓老闆在驚訝的同時，更認真地考慮我們的出價，減少還價的幅度。

聰明的消費者們，你們學會了嗎？

10. 理性消費
作出合理的購買決策

作為一個聰明的消費者，大家一定都聽說過「理性消費」這個詞吧？從經濟學的角度來講，理性消費是指消費者在自己經濟條件允許的情況下，購買效用最大的商品。從心理學的角度來說，理性消費是指消費者通過自己的學習和理性的判斷，做出合理的購買決策。

那麼，如何才能做到理性消費呢？

設定消費計畫

我們每個人，無論是爸爸媽媽還是我們自己，在購買商品的時候都要量力而為。 如果我們目前的經濟條件還達不到購買某些昂貴商品的水準，那麼價廉物

美、結實耐用的商品，就是非常好的選擇。

聰明的消費者們，你們一定聽說過「月光族」這種調侃的詞吧，這些詞形容的就是那些沒有進行合理的消費規劃，結果買了超出自己消費水準的東西，讓自己的財政狀況亮起紅燈的人。有的時候，我們確實會有特別想購買某種商品的衝動，這時就需要我們更理性地做一些準備。

要知道，我們的錢是有限的，不可能買下所有想要的商品，也不可能把貨架上所有的商品全都買下來。那麼我們就要想一想，在購物之前應該做好哪些準備，才能做到更理智的消費？

第一，我們要明白

預算是有限的。一個理性的消費者一定要仔細研究價格，因為我們口袋裡的錢是有限的，只能在預算範圍內挑選商品。比如，馬小跳看上了一雙 500 元的運動鞋，可是他的預算只有 300 元。可能馬小跳會說：「500 元就 500 元吧，這雙鞋我很想要。」但這不是一個聰明的消費者該有的理性選擇。

當然，有的人可能會說「一分錢一分貨」，價格高的東西品質自然會更好。這從某個角度來說是有道理的，但如果價格超出預算，我們就不得不挪用原計劃用於其他用途的錢來填補超支的部分，這也許會影響我們的生活。

機智問答

預算：國家機關、團體和事業單位等對未來一定時期內的收入和支出做出的計畫。也有事先計算的意思。

第二，合理看待品牌

前面我們說過，品牌和產品的品質有關，也和消費者對它的認識有關。可能每個小朋友都有自己喜歡的品牌，也對這個品牌有很強的認同感，很了解這個品牌的產品。但是，每個品牌也會有不同的產品，這些產品的品質也會有所差異。還有些大品牌雖然捨得花大錢做廣告，大筆的成本費用都投到了宣傳上，用於產品本身的費用反而不多，這種品牌的產品價格往往偏貴，產品的品質也很一般。

第三，留心標誌

我們需要注意各種產品的標誌，這些標誌是要通過嚴格的認證才能取得的，所以在一定程度上，產品

標誌也是品質保證。對想要理性消費的消費者們來說，一定要學會讀懂這些標誌。

第四，提前列好清單

　　有時我們在出門購物的時候，可能只是想買一雙運動鞋，但是一到店鋪就容易受到廣告的影響，或者看到商店裡面的陳列，又或者發現有「兩件八折」的優惠活動，最後不光買了運動鞋，還買了好多本來沒想買的東西。可能一兩次消費不會有什麼影響，但如果總是這樣，我們的錢很可能就不夠花了。因此，提前想好「自己真的想要什麼」是非常重要的。而且，我們也要學會「延遲消費」，有時候你當下特別想要某個東西，而只要暫緩兩、三天再看，也許購買的願望就不是那麼強烈了。

　　我們要學會根據自己的實際需要來做購買的計畫，而不是只依靠一時的喜好，衝動消費。所以在購物之前，我們一定要提前列出自己真正需要的東西，並且按照重要程度排好先後順序，比如籃球鞋、吸濕排汗衣、運動背包、慢跑鞋、運動水壺等，我們有了這個清單，一方面可以幫助自己控制購買欲望，另一方面還可以幫助自己計算花銷。

至於如何運用機會成本？

機會成本是指當你在做一件事情的時候，就沒有辦法用這段時間或者相關的資源去做另外的事情，也就是說你選擇了一件事情，就失去了其他事情可能帶來的收益，說得更直白一點就是「魚與熊掌，不可得兼」，而這也意味著你的每一次選擇都有相應的機會成本。了解機會成本，可以幫助我們注意到一些不經意間產生的成本。比如 我們有時候會在網上學一些東西，這些教學內容很可能是免費的，這會讓我們產生一種錯覺，既然課程本身是免費的，那麼即便我不認真上課，學到的東西少一點，也不會有什麼損失。

不過真的是這樣嗎？

其實，當你選擇上免費的網路課程時，你就已經

開始消耗時間和精力了。你可以仔細想一下，如果你用同樣的時間去上了付費的課程，而且付費課程的效果要遠遠好過你所聽的免費課程，那麼你比較一下，你實際獲得的收益是不是更大呢？所以，理解了機會成本，就會幫助我們留意到我們平時不怎麼關心的問題，可以幫助我們換一個角度來衡量自己的損失和收益。

理性看待沉沒成本除了機會成本，我們還常常聽到一個說法叫「沉沒成本」。我們在本系列財商課的另一本書《生活裡的經濟學》中就講到了「沉沒成本」，它指的是已經發生、不可能收回的支出。人們往往會忽略機會成本，更多地記住沉沒成本，造成不必要的二次損失。另外，我們一定要理性地看待機會成本和沉沒成本，在實際的決策中，多考慮機會成本，及時放棄沉沒成本。比如，一家有趣的主題樂園開幕，網路上討論度很高，各種宣傳片看得人眼花繚亂，但是門票也不便宜，一張票價 150 元。很多小朋友都被

宣傳吸引，購買了門票。可是，等你高高興興地驗完票走進去，決心痛痛快快地玩上一整天時，卻發現裡面根本沒有宣傳的那麼好，遊樂設施缺乏新意，你一點也提不起遊玩的興致。那麼這時，你要怎麼做呢？

我們來看下表。

這時我們就會發現，既然已經知道這個樂園不好玩，那麼無論你是否繼續遊玩，150 元的票價花費都一樣。那麼，繼續參觀只會在花費票價的同時，又浪費了時間，還沒收穫任何樂趣，這其實是不划算的。同樣的道理還可以用在很多地方，比如看電影、購物等，還能用在炒股、投資等理財決策上。作為一個聰明的消費者，要學會理性分析機會成本和沉沒成本，及時止損。

	不繼續參觀	繼續參觀
損失	150 元	150 元 + 時間
收益	時間	無

少年遊 012

馬小跳財商課 2：聰明的消費者

作　　者—楊紅櫻
視覺設計—徐思文
主　　編—林憶純
行銷企劃—蔡雨庭

第五編輯部總監—梁芳春
董 事 長—趙政岷
出 版 者—時報文化出版企業股份有限公司
　　　　　108019 台北市和平西路三段 240 號
　　　　　發行專線—（02）2306-6842
　　　　　讀者服務專線— 0800-231-705、（02）2304-7103
　　　　　讀者服務傳真—（02）2304-6858
　　　　　郵撥— 19344724 時報文化出版公司
　　　　　信箱— 10899 臺北華江橋郵局第 99 信箱
時報悅讀網— www.readingtimes.com.tw
電子郵箱— yoho@readingtimes.com.tw
法律顧問—理律法律事務所　陳長文律師、李念祖律師
印　　刷—勁達印刷有限公司
初版一刷— 2023 年 6 月 30 日
定　　價—新台幣 280 元

時報文化出版公司成立於 1975 年，並於 1999 年股票上櫃公開發行，於 2008 年脫離中時集團非屬旺中，以「尊重智慧與創意的文化事業」為信念。

馬小跳財商課 2：聰明的消費者 / 楊紅櫻 . -- 初版 . -- 臺北
市：時報文化出版企業股份有限公司 , 2023.06
　　112 面；14.8*21 公分 . --（少年遊）
ISBN 978-626-353-798-9（平裝）
1.CST: 理財 2.CST: 兒童教育 3.CST: 通俗作品
　　　563　　　112006222

ISBN 978-626-353-798-9　　　　　　Printed in Taiwan